Joke van Leeuwen

Das tolle ABC-Buch

Bilder, Geschichten und Gedichte

Aus dem Niederländischen
von Hanni Ehlers

Inhalt

toll 5
Ein schönes Wort 6
Das Nilpferd, das sich klein machen wollte 9
Turner-ABC 12
weg da 15
Gabella und Löffelino 16
Der Esel, der nicht Nein sagen konnte 18
krank 21
Das Buchstabenviertel 22
Aufsteigen – Vogel – Baum – Hund 24
Krokodile 25
Zufalls-ABC 26
Der Wolf, der lieber ein Schaf sein wollte 33
Gabella und Löffelino 36
als ich noch nicht da war 38
ich liege im Bett 39
Schau-ABC 40
Ein Zettel, zwei Texte 43
Der Hund, der auf zwei Pfoten lief 44
Falter – Torte – Boot 47

ein hungriges Männchen und eine Riesin   48

Gabella und Löffelino   50

Mond und Erde   52

Das Kälbchen, das in die Luft guckte   54

Suchen   57

Flöte – Senkel – Bett   58

anders   59

Schlangen – Strümpfe – Schatten   60

Gabella und Löffelino   61

A ist ein Apfel   62

Mund – nein – Grube   67

Der Spatz, der nicht mehr fliegen wollte   68

Monster-ABC   71

Gabella und Löffelino   74

Idee   76

aaa eee iii ooo   78

Gabella und Löffelino   80

Die Schnecke, die etwas erleben wollte   82

mein Radiergummi   85

Die Antworten   86

toll
dass es Buchstaben gibt
woraus man ein Wort machen kann
und noch ein Wort
und noch ein Wort
und noch ein Wort
und noch ein Wort
und noch ein Wort
und noch ein Wort
und noch ein Wort

toll
dass es Wörter gibt
woraus man einen Satz machen kann
und noch einen Satz
und noch einen Satz
und noch einen Satz
und noch einen Satz
und noch einen Satz
und noch einen Satz
und noch einen Satz
und noch einen Satz

Ein schönes Wort

Das Nilpferd, das sich klein machen wollte

Es war einmal ein Fest am Wasser.
Alle kleinen Tiere durften kommen.
„Darf ich mitmachen?", fragte das Nilpferd.
„Nein", sagten die kleinen Tiere.
„Dein Maul ist zu groß.
Da frisst du uns alles weg."
„Bestimmt nicht", sagte das Nilpferd.
„Ich mache mich ganz klein."
Aber es durfte nicht mitmachen.
Es musste im Wasser bleiben.

Das Nilpferd schaute den kleinen Tieren zu.
Sie tanzten.
Das wollte es auch gern mal probieren.
„Darf ich mitmachen?", fragte das Nilpferd.
„Nein", sagten die kleinen Tiere.
„Du bist viel zu groß.
Da stehst du uns im Weg.
Da trittst du auf uns drauf."
„Ich stelle mich an den Rand", sagte das Nilpferd.
„Tut einfach so, als wäre ich gar nicht da."
Aber es durfte nicht mitmachen.

Es drehte sich um
und schaute nicht mehr zu.

Die kleinen Tiere wurden müde vom Tanzen.
Sie machten eine Bootsfahrt.
Auf dem See.
Unter dem Mond.
Doch ihr Boot schlug um.
Sie fielen ins Wasser.
Zum Glück sahen sie eine Insel.
Auf die krochen alle hinauf.
Die Insel schwamm zum Ufer
und alle kleinen Tiere stiegen wieder ab.
„Eine tolle Insel ist das", sagten sie.
„Eine Insel, die schwimmt."

Das Nilpferd hob den Kopf aus dem Wasser.
„Die Insel ist mein Rücken", sagte es.
Aber die kleinen Tiere sagten:
„Das glauben wir nicht."
Sie drehten sich um
und feierten weiter.

Nun lief das Nilpferd hinter ihnen her.
Es fragte nicht, ob es das durfte.
Es stellte sich einfach zu ihnen.
„Ein Fest", sagte es. „Ein Fest."

Zuerst sagten die kleinen Tiere:
„Du stehst im Weg."
Danach taten sie so, als wäre es gar nicht da.
Doch als es Morgen wurde,
standen sie alle auf seinem Rücken,
denn von dort konnten sie am besten sehen,
wie schön die Sonne aufging.

Turner-ABC

weg da
weg da
Achtung
Vorsicht
ich weiß
nicht, ob
ich rechtzeitig
anhalten kann
ich weiß
nicht, wie
das
gehen
soll
oh Hilfe
oh Hilfe

(das ging gerade noch gut!)

Gabella und Löffelino

Gabella und Löffelino

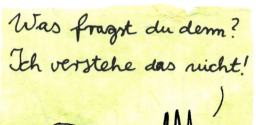

Der Esel, der nicht Nein sagen konnte

Es war einmal ein Esel, der nicht Nein sagen konnte.
Er sagte immer nur Ja.
Eigentlich sagte er ia.
Aber es klang wie Ja.

Der Esel musste immer ganz viel tragen.
Drei Ballen Stroh und vier Säcke Mais.
Fünf Matratzen und sechs schwere Bretter.
„Das kannst du schon tragen", sagte sein Herr.
Und der Esel sagte: „Ia."
Denn Nein konnte er nicht sagen.

Es wurde dem Esel zu viel.
Er fragte die Maus:
„Was soll ich tun?"
Die Maus sagte:
„Versteck dich in meinem Loch."
Aber der Esel passte nicht
in das Mauseloch hinein.

Der Esel fragte den Hund:
„Was soll ich tun?"

„Du musst tun, was dein Herrchen sagt", sagte der Hund.
„Dein Herrchen ist der Chef, und damit basta."

Der Esel fragte das Pferd:
„Was soll ich tun?"
„Du musst dich aufbäumen", sagte das Pferd.
Der Esel wusste nicht, was das ist.
Das Pferd machte es vor.

Es warf die Vorderbeine in die Höhe.
„Soll ich dann auch ia sagen?", fragte der Esel.
„Nein", sagte das Pferd.
„Nichts sagen.
Nur aufbäumen."
„Gut", sagte der Esel.

Sein Herr kam.
Und legte ihm einen großen Koffer auf den Rücken
und einen noch größeren Koffer
und einen NOCH größeren Koffer.
Das war zu viel für den Esel.
Er bäumte sich auf.
Alle Koffer fielen runter.

Sein Herr gab ihm einen Klaps.
Und wieder musste er die drei Koffer tragen.
Und wieder bäumte er sich auf.
Und wieder fiel alles runter.
„Ist es zu schwer?", fragte sein Herr.
„Ia", sagte der Esel.
„Ich verstehe", sagte sein Herr.
„Ia", sagte der Esel.

krank

ich liege
ich bin krank
ich weiß nicht mehr, was ich sage

ich sage riff biff raff
rupp rupp sall mich patt nich piff

uch luge
ech ben krenk
üch wiss nüch mohr, wüs ech suge

Das hier ist das Buchstabenviertel. Hier kannst du alle Buchstaben finden. Manche einmal. Manche zweimal. Manche mehr als zweimal.

Manche sind gerade aufgerichtet. Manche liegen auf dem Rücken.
Und manche stehen auf dem Kopf.

AUFSTEIGEN

blatt

Vogel

STAMM

hund

24

Krokodile

Ich liege im Bett und denke an Krokodile... Ich habe eines in einem Film gesehen... Ein Schaf, das trinken wollte... kam ans Wasser... und beugte den Kopf hinunter... Es sah das Krokodil nicht... oder vielleicht doch... das Schaf dachte vielleicht, das Krokodil sei ein Stein oder so... Das Schaf wurde mit Haut und Haaren verschlungen... es blieb ganz, glaube ich... da war es dann schon eng im Krokodil... Ich glaube, das Schaf hoffte, dass es (schmutzig, aber ganz) hinten aus dem Krokodil wieder rauskommen würde... Ich kann nicht schlafen... Meine Mutter hat mal gesagt: Denk an Schäfchen, die über einen Zaun springen, und die Schäfchen zählst du dann... Aber ich kriege sie nicht über den Zaun ... sie laufen auf einmal zu dem Krokodil hin... Nicht! Hilfe!... Sie hören nicht auf mich... Sosehr ich auch rufe und rufe... Dann kommt meine Mutter und fragt, warum ich um Hilfe rufe... Ich sage dass ich immerzu an Krokodile denken muss ... und was hat meine Mutter darauf gesagt?

Was sagt sie? Die Antwort steht auf der letzten Seite.

Zufalls-ABC

Manchmal siehst du plötzlich etwas, das wie ein Buchstabe aussieht.
Es soll aber gar kein Buchstabe sein.
Es ist ein Henkel auf dem Strand.
Oder es sind zwei Kräne.
Es ist ein Zweig im Gras.
Oder es sind zwei Regenrohre.
Und trotzdem kannst du einen Buchstaben darin erkennen.
Einfach so.
Ganz nebenbei.
Rein zufällig.

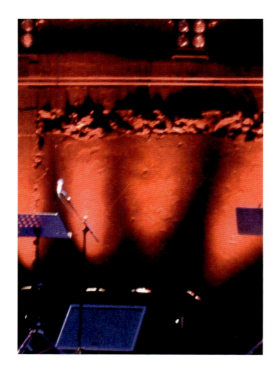

Der Wolf, der lieber ein Schaf sein wollte

Ein kleiner Wolf sagte einmal zu seiner Mutter:
„Mama, warum bin ich kein Schaf?"
Seine Mutter sagte:
„Weil du ein Wolf bist."
Der kleine Wolf sagte:
„Aber ich möchte lieber ein Schaf sein.
Schafe haben so schöne Locken."
Seine Mutter sagte:
„Du bist ein Wolf, und damit basta."

Der kleine Wolf lief nach draußen.
Da sah er ein Lämmchen.
„Darf ich mit dir spielen?", fragte er.
Das Lämmchen erschrak und rannte davon.
Der kleine Wolf rannte mit.
Das Lämmchen floh in eine Scheune
und schloss die Tür ab.

Der kleine Wolf fragte durch die Tür hindurch:
„Warum bist du denn weggerannt?"
„Weil du ein Wolf bist", sagte das Lämmchen.

„Aber ich fühle mich wie ein Schaf", sagte der kleine Wolf.
„Das glaube ich dir nicht", sagte das Lämmchen.

Ein anderer kleiner Wolf kam dazu.
„Wollen wir uns balgen?", fragte der.
„Ich balge nicht so gern", sagte der kleine Wolf.
„Ich möchte lieber spielen, dass wir Schafe sind."
Der andere kleine Wolf sagte:
„Schafe sind blöd.
Die taugen nur dafür, gefressen zu werden,
und mit dir spiele ich nie wieder."

Das Lämmchen hatte das gehört.
Es sagte durch die Tür hindurch:
„Bist du überhaupt ein Wolf?"
„Ich weiß es nicht", sagte der Wolf.
„Ich fühle mich wie ein Schaf
und ich möchte so gern mit dir spielen."
„Frisst du mich auch nicht auf?", fragte das Lämmchen.
„Niemals", sagte der kleine Wolf.

Sie haben zusammen gespielt.
Und der kleine Wolf fraß das Lämmchen nicht auf.
Kein Wolf fraß mehr Schafe.
Wenn einer das tun wollte,
rief der kleine Wolf so laut er konnte:
„Wuhu! Wuhu! Wuhu!"
Dreimal.
Dann wussten alle Schafe und alle Lämmchen,
dass sie sich gut verstecken mussten,
so gut, dass sie kein Wolf mehr finden konnte.

als ich noch nicht da war

da war das Land schon da
da war der Strand schon da
da war die See schon da
da war der Schnee schon da
da war die Acht schon da
da war die Nacht schon da
da war der Tau schon da
waren Grün und Blau schon da
waren Rot und Gelb schon da
da war ganz viel schon da

aber jetzt bin ich auch da

ich liege im Bett
keine Mama zu Haus
kein Papa zu Haus
eine Frau ist da
ich weiß nicht, wie sie heißt
sie passt auf mich auf
und auf das Haus
sie singt ein Lied
sie singt: du fehlst mir so
ja ja
puh puh
oooooooo
du fehlst mir so

ich liege im Bett
das Lied ist aus

Papa und Mama
sind nicht zu Haus

Schau-ABC

Ein Zettel, zwei Texte

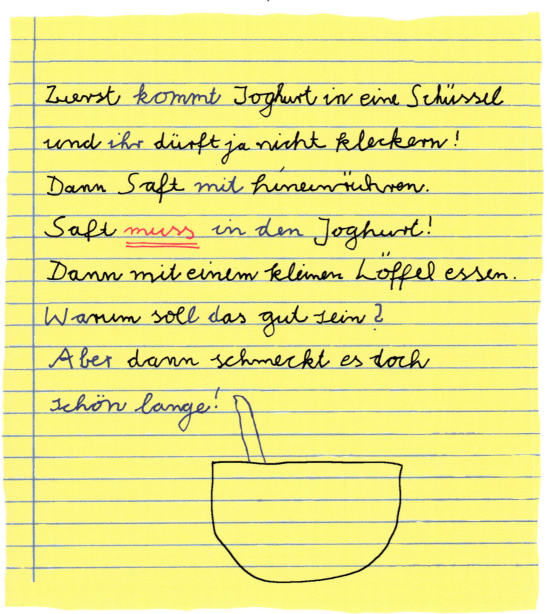

Und der zweite Text?
Wie du den liest, steht auf der letzten Seite.

Der Hund, der auf zwei Pfoten lief

Es war einmal ein Hund.
Der wollte auf zwei Pfoten laufen,
so wie die Menschen.

Der Hund übte ganz lange.
Anfangs hielt er sich fest.
Dann konnte er es frei,
ohne umzufallen.
„Guckt mal, was ich kann!", rief er.
„Guckt mal, was ich kann und ihr nicht!"

Zwei andere Hunde kamen vorbei.
„Was soll denn das?", sagte der eine.
„Auf vier Pfoten läuft es sich doch gut."
„Was soll denn das?", sagte der andere.
„Das ist doch gar nicht nötig."
„Aber es ist doch toll?",
sagte der Hund leise.

Die beiden anderen Hunde liefen weiter,
auf vier Pfoten.
Der Hund dachte:
Hätte ich etwas anderes üben sollen?
Schneller rennen?
Oder in Hosenbeine beißen?

An der Ecke standen ein paar Kinder.
„Oh, guckt mal!", riefen die Kinder.
„Der Hund da macht Kunststücke!
Toll!"
Sie rannten weg,
um ihre Mutter zu holen
und ihren Vater und ihre Oma und ihren Opa.
Aber der Hund war müde.
Er stellte sich wieder auf seine vier Pfoten.

Die Kinder kamen zurück.
Mit ihrer Mutter und ihrem Vater
und ihrer Oma und ihrem Opa.
Die sagten:
„Der Hund steht auf vier Pfoten
und das ist ganz normal."
„Wir haben es wirklich gesehen",
sagten die Kinder noch.
Aber keiner wollte ihnen glauben.

Der Hund lief nach Hause
und legte sich in seinen Korb.
Was ich mache, hat einen Namen, dachte er.
Ich mache Kunststücke und das ist toll.
Die kleinen Menschen haben es gesehen.
Sie haben gesehen, was ich kann.
Dann schlief er ein.
Ganz zufrieden.

ein hungriges Männchen
aß aus dem Pfännchen
ein knuspriges Hähnchen
mit Kartoffeln und Böhnchen
aß aus dem Döschen
ein gelbes Apriköschen
aß aus dem Tütchen
ein gutes Süppchen
aß aus dem Becherchen
ein Leckerschmeckerchen
trank aus dem Fläschchen
ein Beerensäftchen
ein Apfelsäftchen
ein Birnensäftchen
und als ich es fragte
ob es nun satt sei
da sagte das Männchen
ich möchte nicht mehrchen

es war einmal eine Riesin mit einer großen Nase und einem großen Mund und einem großen Kinn

war alles an ihr groß?

Gabella und Löffelino

— Tag, Gabella.
— Tag, Löffelino.

— Wie geht es deinem Hirn?
— Das denkt vor sich hin.

— Das denkt: He, da sagt jemand was. Das war ich!

— Und antwortet dein Hirn darauf?
— Ja, aber das hörst du nicht.

— Das muss erst aus meinem Mund raus.
— Dann mach ihn doch auf!

— Es sagt: Ich denke, mir geht es gut.
— Das denkt mein Hirn auch!

Mond und Erde

der Mond gehört zur Erde
die Erde zum Bestehen

Bestehen heißt, dass wir leben
und durch die Tage gehen

und dass wir Kleider tragen
es sei denn, wir nehmen ein Bad

und dass wir gerne essen
gibt's auch ab und zu Spinat

und dass wir manchmal staunen
und froh sind oder böse oder bang

und dass unser Herz im Takt schlägt
unser liebes Leben lang

und dass jeder Tag ein Tag ist
an dem sich das Leben lohnt

das Leben auf dieser Erde
und unter diesem Mond

Das Kälbchen, das in die Luft guckte

Eines schönen Tages durfte ein Kälbchen auf die Weide.
Zum ersten Mal in seinem Leben.
Es hatte im Stall gestanden, als es Winter war.
Seine Mutter hatte auch im Stall gestanden.
Und alle anderen Kühe.
Nun sprangen sie alle nach draußen.
Seine Mutter sagte:
„Koste mal das Gras.
Das ist das Leckerste, was es gibt."

Das Kälbchen kostete das Gras.
Es war lecker.
Schön frisch.
Danach guckte es sich um.
Alle Kühe fraßen Gras.
Sie fraßen die ganze Zeit Gras
mit dem Kopf nach unten.

Das Kälbchen guckte nach oben.
Es hatte noch nie nach oben geguckt.
Es sah den blauen Himmel.
Es hatte noch nie blauen Himmel gesehen.
Es sah weiße Wolken.
Es hatte noch nie weiße Wolken gesehen.
„Guck mal, Mama", sagte es.
„Guck mal, wie schön es dort ist."
„Weiterfressen", sagte seine Mutter.
„Aber guck doch mal, Mama.
Guck doch mal, wie schön es dort ist."
Seine Mutter guckte nicht.
Seine Mutter fraß weiter Gras.
„Da oben wächst kein Gras", sagte sie.

Das Kälbchen lief zu den anderen Kühen:
„Guckt doch mal. Guckt doch mal,
wie schön es über unseren Köpfen ist."

Aber die anderen Kühe guckten nicht.
Sie fraßen Gras.

Es wurde kalt.
Die Kühe mussten wieder in den Stall.
Sie guckten sich noch ein letztes Mal um.
Sie sagten zueinander:
„Das Gras hat so toll geschmeckt.
Das dürfen wir nicht vergessen.
Es war so schön, hier herumzuspringen.
Das dürfen wir auch nicht vergessen."
Das Kälbchen sagte nichts mehr über den Himmel,
aber es dachte schon daran.

Es wurde warm.
Alle Kühe durften wieder nach draußen.
Sie sprangen auf die Weide
und fingen gleich an, Gras zu fressen.

Nur das Kälbchen guckte nach oben,
ob der Himmel noch da war,
der Himmel, wo kein Gras wuchs,
aber den es sich so lange angucken konnte.

Suchen

ich habe meinen Hund verloren und

suche ihn jetzt,

ich suche überall:

tief im Garten,

zwischen den Büschen,

in allen anderen Gärten,

neben und hinter allen Häusern,

die ganze Straße hinunter und

entlang den Flüssen und Seen

mit der Sonne und dem Mond über mir und den

Bergen hinter mir

oder vor mir

oder unter mir

tausendmal habe ich ihn schon gesucht

du musst mir helfen,

am besten gleich.

Wo ist der Hund? Die Antwort steht auf der letzten Seite.

anders

wenn alles anders wäre
als es jetzt ist
wenn ich krähen könnte
wie ein Hahn auf dem Mist
wenn die Sonne grün wäre
und der Mond himmelblau
wenn ich wirklich kühn wäre
dann wüsst ich genau
dass ich ganz mutig bin
und mich was trau
dass ich nicht dumm bin
sondern sehr schlau
und wenn ich brüllen könnte
wie ein Bär
ja
dann wüsst ich
dass alles anders wär

Schlangen

Strümpfe

Schatten

A ist ein Apfel
mit einem Stängel dran.

B kommt von Bücher,
für den, der lesen kann.

C ist ein Cello.
So heißt ein Instrument.

D ist eine Dose,
wie jeder sie wohl kennt.

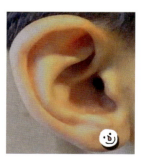

E ist ein Entchen.
Das schlüpft aus seinem Ei.

F ist ein Foto.
Das Ohr ist hier ganz frei.

G kommt von Geburtstag.
Den hast du jedes Jahr.

H ist ein kleines Hündchen.
Das hockt verlassen da.

I ist eine Insel
mit roter Flagge drauf.

J ist ein Junge
mit blauer Mütze auf.

K ist ein König.
Seine Krone ist zu klein.

L kommt von leben.
Das heißt, auf der Erde sein.

M kommt von Matsche.
Das ist ein Haufen Dreck.

N kommt von nichts mehr.
Da ist das Bild ganz weg.

O ist ein Otter.
Der schwimmt die ganze Nacht.

P ist ein Panther
oder was hast du gedacht?

Q kommt von Quiz.
Da fragt man wie oder was.

R ist der Regen.
Der macht die Erde nass.

Idee

S kommt von schreiben.
Zum Beispiel das Wort **Idee**.

T ist eine Tasse.
Eine Tasse für grünen Tee.

U kommt von Uhren.
Wie etwa dieser hier.

V ist ein Vogel.
Oder ist es ein Vampir?

W kommt von Wasser.
Das kommt aus einem Schlauch.

X ist Xantoproteinreaktion.
So ein langes Wort aber auch.

Y kommt von Yoga. Da steht man auf dem Kopf.

Z ist eine Zwiebel. Die tut man in den Topf.

Das waren alle Buchstaben
vom A bis hin zum Z.
Und wenn du jetzt ins Bett musst,
dann musst du jetzt ins Bett.

Muss ich gar nicht!

Der Spatz, der nicht mehr fliegen wollte

Es war einmal ein Spatz.
Der wollte nicht mehr fliegen.
Das machte ihm keinen Spaß mehr.
„Komm schon", sagten die anderen Spatzen.
„Wir fliegen gerade so schön.
Flieg doch mit."
„Nein", sagte der Spatz.
„Ich hab keine Lust mehr dazu."

Der Spatz saß in einem Garten.
Er saß unter einem Busch.
Da kam ein Käfer vorüber.
Den fraß er auf.
Viel mehr machte er nicht.

Eines Tages
kam die Schwester vom Spatz vorbei.
Sie sagte:
„Wir sind in einem Turm gewesen.
Die Aussicht war ganz toll.
Kommst du mit zu dem Turm?"
„In einen Turm will ich nicht, dazu hab ich keine Lust",
sagte der Spatz.

Am nächsten Tag
kam die Schwester vom Spatz wieder vorbei.
Sie sagte:
„Wir sind in der Stadt gewesen.
Da gibt es so viel zu futtern!
Kommst du mit in die Stadt?"
„In die Stadt will ich nicht, dazu hab ich keine Lust",
sagte der Spatz.

Am nächsten Tag
kam die Schwester vom Spatz schon wieder vorbei.
Sie sagte: „Du fehlst uns so schrecklich."
Der Spatz sagte:
„Dann kommt doch zu mir."
„Nein", sagte seine Schwester.
„Das ist zu gefährlich."
„Gefährlich?", fragte der Spatz.

„Ja, natürlich", sagte seine Schwester.
„Weißt du denn nicht, dass hier eine Katze wohnt?
Die Katze will dich fressen.
Sie schleicht sich jeden Tag ein Stück näher.
Willst du, dass die Katze dich frisst?"
Der Spatz dachte eine Weile nach.
Dann sagte er:
„In die Katze will ich nicht, dazu hab ich keine Lust."

Er bewegte seine Flügel.
Die taten es noch.
Und er flog hinter seiner Schwester her
bis in den Turm hinein.
„Du hast recht", sagte der Spatz.
„Die Aussicht ist ganz toll."

Monster-ABC

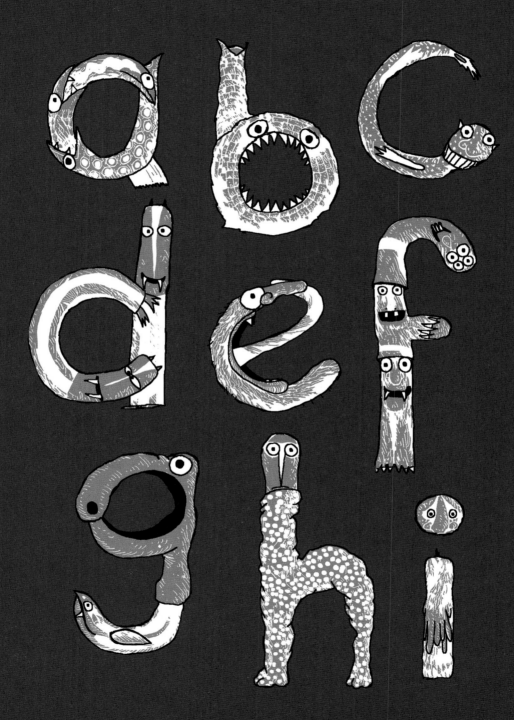

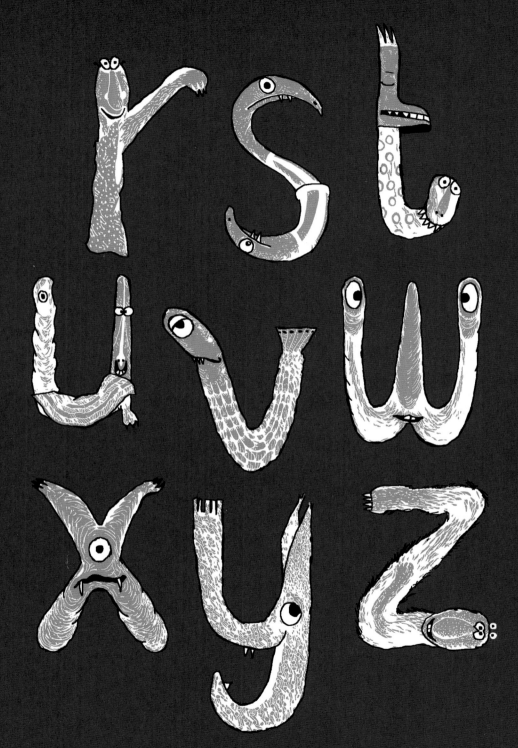

Gabella und Löffelino

Gabella und Löffelino

Idee

kommt dir plötzlich 'ne Idee
mittags gegen drei beim Tee

abends gegen sieben, acht
wenn du gar nicht dran gedacht

oder morgens gegen zehn
wenn du sprudelst vor Ideen

lass sie raus aus deinem Kopf
pack sie immer gleich beim Schopf

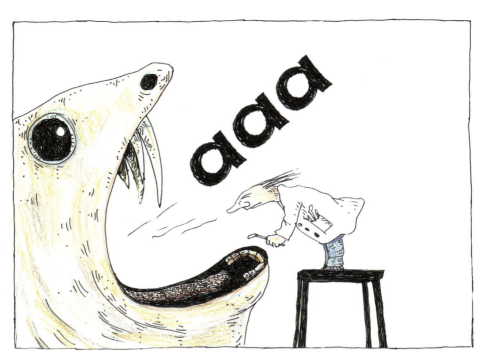

Gabella und Löffelino

Tag, Gabella.
Tag, Löffelino.

Ich habe ein tolles Steinchen.
Und was machst du damit?

Nichts. Ich gucke es mir an. Und behalte es.
Du kannst es auch werfen

und gucken, wie weit es fliegt.
Und dann?

Dann suchst du dir ein neues Steinchen, weil du dieses Steinchen nicht mehr wiederfindest.

Behalten finde ich aber schöner.

Gabella und Löffelino

Die Schnecke, die etwas erleben wollte

Eine Schnecke war einmal unterwegs.
Sie wusste noch nicht, wohin sie unterwegs war.
Sie wusste aber schon, dass sie unterwegs war.
Für eine Schnecke war das schon toll, fand sie.

Ein Hund rannte vorbei.
„Wo rennst du hin?", fragte die Schnecke.
„Ich will was erleben", sagte der Hund.
„Was denn?", fragte die Schnecke.
Aber der Hund hörte sie schon nicht mehr.

Ein Pferd trabte vorbei.
„Wo trabst du hin?", fragte die Schnecke.

„Ich will was erleben", sagte das Pferd.
„Was denn?", fragte die Schnecke.
Aber das Pferd hörte sie schon nicht mehr.

Da sah die Schnecke eine Maus.
Sie fragte:
„Willst du auch etwas erleben?"
„Wieso?", fragte die Maus.
„Gerade kam ein Hund vorbei", sagte die Schnecke.
„Und danach ein Pferd.
Die wollten etwas erleben.
Ich will auch etwas erleben,
aber ich bin nicht so schnell wie sie."
„Ich gehe schon mal voraus", sagte die Maus.
„Dann erzähle ich dir,
was sie erlebt haben."
Und die Maus rannte weg.

Zuerst sah sie den Hund.
Eine böse Frau schimpfte mit ihm.
„Du darfst nicht weglaufen", sagte die Frau.
Und sie schob den Hund in ein Haus.
Danach sah die Maus das Pferd.
Zwei Männer hielten es fest.
„Du darfst nicht weglaufen", sagten die Männer.
Sie brachten das Pferd in seinen Stall.

Die Maus rannte zurück.

„Was hast du erlebt?", fragte die Schnecke.

Zuerst sagte die Maus nichts.

Dann fragte sie:

„Was möchtest du denn gerne hören?"

„Etwas Tolles", sagte die Schnecke.

„So toll wie Feuerwerk.

So toll wie Musik.

Etwas, worüber man sich freut.

Wie über etwas Leckeres zu essen.

Wie über etwas, das Spaß macht.

Und wie darüber, keine Angst zu haben,

dass jemand auf dich tritt."

„Ja", sagte die Maus.

„Das hast du schön gesagt.

Und jetzt muss ich gehen."

„Vielen Dank", sagte die Schnecke noch.

Sie guckte der Maus nach

und war sehr zufrieden,

denn fast, fast

hätte sie etwas ganz Tolles erlebt.

mein Radiergummi

mein Radiergummi radiert aus, was es will
mein Radiergummi radiert auch das hier aus
radiert auch das hier aus
das hier aus
hier aus
aus

Die Antworten

Krokodile
Meine Mutter sagt in schwarzen und grünen Buchstaben:
Kannst du nicht schlafen
dann sing
das hilft!
o u i u
Hilft das?

Ein Zettel, zwei Texte
Der zweite Text, in blauen Buchstaben, geht so:
Kommt ihr mit in den Wald? Aber schön lange!

Suchen
Lies den blauen Zeilenanfang von oben nach unten.
Dann steht dort: ich sitz in dem Boot da

JOKE VAN LEEUWEN, geb. 1952 in Den Haag, studierte Kunst und Geschichte in Antwerpen und Brüssel. Seit Ende der Siebzigerjahre schreibt sie für Kinder, seit den Neunzigern auch für Erwachsene. Ihre Bücher wurden vielfach ausgezeichnet, u. a. mit dem Deutschen Jugendliteraturpreis und dem James Krüss Preis für Internationale Kinder- und Jugendliteratur. Joke van Leeuwen lebt in Antwerpen. Bei Gerstenberg ist von ihr erschienen: *Warum liegst du in meinem Bett?*, *Hast du meine Schwester gesehn?*, *Die erstaunliche Geschichte von Frederik*, *Weißnich* und *Augenblickmal. Was wir sehen, wenn wir sehen, und warum.*

HANNI EHLERS, geb. 1954 in Eutin (Schleswig-Holstein), studierte Niederländisch, Englisch und Spanisch an der Universität Heidelberg. Seit 1986 arbeitet sie als freie Literaturübersetzerin. 2006 wurde sie mit dem Else-Otten-Preis ausgezeichnet. Hanni Ehlers lebt in der Nähe von Lübeck.

Wir danken dem Nederlands Letterenfonds für die Förderung
der Produktion und der Übersetzung ins Deutsche

N ederlands
l etterenfonds
dutch foundation
for literature

Die Zeichensetzung der Gedichte in diesem Buch folgt nicht den amtlichen Regeln zur
deutschen Rechtschreibung. Bei der Übertragung ins Deutsche sind wir dem freien Umgang
der Autorin mit Zeichensetzung und Rechtschreibung gern gefolgt.

1. Auflage 2016
Die Originalausgabe erschien erstmals 2015
unter dem Titel „mooi boek" bei Querido, Amsterdam.
Copyright text and illustrations © 2015 by Joke van Leeuwen. Amsterdam,
Em. Querido's Kinderboeken Uitgeverij B.V.
Deutsche Ausgabe Copyright © 2015 Gerstenberg Verlag, Hildesheim
Alle Rechte vorbehalten
Übersetzung: Hanni Ehlers
Satz: Anna-Maria Klages, Wuppertal
Druck und Bindung: Westermann Druck, Zwickau

www.gerstenberg-verlag.de

ISBN 978-3-8369-5926-1